YO TAMBIÉN PUEDO SER PRESIDENTE

Yanitzia Canetti

Designer: Ricardo Potes
Photo Credits:
Cover background: © Suljo | Dreamstime.com; Cover image, 6, 7, 10, 11, 20, 21: © Monkey Business Images | Dreamstime.com; 8, 9: © Redbaron | Dreamstime.com; 12: © Hope Milam | Dreamstime.com; 13: © Pavel Losevsky | Dreamstime.com; 14: © Sonya Etchison | Dreamstime.com; 15: © Anita Patterson Peppers | Dreamstime.com; 16, 17: © Rmarmion | Dreamstime.com; 18, 19: © Kristian Sekulic | Dreamstime.com; 24: © Grafoo | Dreamstime.com; 25: © Maxim Filipchuk | Dreamstime.com; 26: © Kirill Zdorov | Dreamstime.com; 27: © Sonya Etchison | Dreamstime.com; 28: © Shailesh Nanal | Dreamstime.com; 29: © Zhang Lei | Dreamstime.com; 32: © Gianna Stadelmyer | Dreamstime.com; Back cover: © Mylightscapes | Dreamstime.com
All other photographs ©Yanitzia Canetti

Published in the United States by CBH Books.
CBH Books is a division of Cambridge BrickHouse, Inc.

Cambridge BrickHouse, Inc.
60 Island Street
Lawrence, MA 01840
U.S.A.

Printed in Singapore
10 9 8 7 6 5 4 3 2 1

Library of Congress Cataloging-in-Publication Data
Canetti, Yanitzia, 1967-
   Yo también puedo ser presidente / Yanitzia Canetti. -- 1st ed.
      p. cm.
   ISBN 978-1-59835-100-2 (children's books : alk. paper)
   1. Presidents--United States--Juvenile literature. I. Title.
   JK517.C36   2009
   352.230973--dc22   2009012634

*A mis compañeros de CBH
por sus estupendas ideas*

*A mis hijos Ares y Eros,
que son mi esperanza*

Me llamo Chris Mendoza.
Tengo 5 años.
Yo también puedo
ser presidente.

Yo cuido a mis abuelitos. Ayudo a Papá. Converso con Mamá.
Y paso tiempo con mi hermanita.

Vota por mí. YO QUIERO A MI FAMILIA.

Me llamo Jessica Woo.
Tengo 6 años.
Yo también puedo
ser presidente.

Escucho lo que dice la maestra. No interrumpo a mis compañeros. Siempre espero mi turno para hablar.

Vota por mí. YO SOY RESPETUOSA.

Me llamo Hank Wellin.
Tengo 7 años.
Yo también puedo
ser presidente.

Pregunto hasta aclarar mis dudas. Me esfuerzo por lograr lo que me propongo. Lo intento una y otra vez. Nunca me doy por vencido.

Vota por mí. YO SOY PERSISTENTE.

Me llamo Paul Ngongo.
Tengo 8 años.
Yo también puedo
ser presidente.

Digo lo que pienso cuando me preguntan. Reconozco mis errores.
No les echo la culpa a los demás.

Vota por mí. YO SOY HONESTO.

Me llamo Becky Cohen.
Tengo 9 años.
Yo también puedo
ser presidente.

Hago mi lista de tareas. Ordeno mi cuarto. Recojo mis juguetes.
Y coloco todo en su lugar.

Vota por mí. YO SOY ORGANIZADA.

Me llamo Dave Pearson.
Tengo 10 años.
Yo también puedo
ser presidente.

Me llevo bien con mis compañeros de clase. Comparto con los vecinos. Formo parte de un equipo. Tengo amigos de otras partes del mundo.

Vota por mí. YO SOY AMISTOSO.

Me llamo Lucy Villaflor.
Tengo 9 años.
Yo también puedo
ser presidente.

Comparto todos mis libros. Ayudo a recaudar fondos para mi escuela.
Preparo galletitas para los vecinos.

Vota por mí. YO SOY GENEROSA.

Me llamo Ben O'Connor.
Tengo 11 años.
Yo también puedo
ser presidente.

Hago mi tarea todos los días. Paseo a mi perrito todas las tardes.
Cuando me comprometo a hacer algo, lo hago.

Vota por mí. YO SOY RESPONSABLE.

Me llamo Adele Chevalier.
Tengo 8 años.
Yo también puedo
ser presidente.

En una discusión, escucho a cada uno. Defiendo al que tiene la razón.
Y cuando hay pizza, hago que alcance para todos.

Vota por mí. YO SOY JUSTA.

Me llamo Nick Papadakis.
Tengo 10 años.
Yo también puedo
ser presidente.

Se me ocurren buenas ideas. Soy bueno armando rompecabezas.
Me encanta inventar cosas. Busco varias maneras de llegar a la respuesta.

Vota por mí. YO SOLUCIONO PROBLEMAS.

Me llamo Amy Al Zahari.
Tengo 8 años.
Yo también puedo
ser presidente.

Apago las luces que no uso. Nunca tiro basura en la calle. Reciclo botellas y papeles. Protejo a los animales. ¡Y siembro árboles!

Vota por mí. YO CUIDO EL PLANETA.

Me llamo Alex Petrovich.
Tengo 9 años.
Yo también puedo
ser presidente.

Animo a mis amigos a participar en actividades. Convenzo a los demás con buenas razones. Doy un buen ejemplo.

Vota por mí. YO SOY UN BUEN LÍDER.

Me llamo Emily Mishra.
Tengo 8 años.
Yo también puedo
ser presidente.

Evito las peleas entre mis amigos. Ayudo a aclarar los malentendidos.
Propongo soluciones que funcionen para todos.

Vota por mí. YO AMO LA PAZ.

Me llamo Eric Antonini.
Tengo 7 años.
Yo también puedo
ser presidente.

Le prometí a la maestra portarme bien. Y eso hago todos los días.
Les prometí a mis papás aprenderme los estados de mi país. ¡Y lo hice!

Vota por mí. YO CUMPLO MIS PROMESAS.

Todos tenemos algo que dar. Todos queremos hacer la diferencia.
Somos la esperanza de un mundo mejor.

¡VOTA POR NOSOTROS!